LOS HIJOS DE LA REVOLUCIÓN

Los hijos de la Revolución

Marina Hernández Jurado
@nina_simonet

@2019MarinaHernándezJurado

Hecho en Estados Unidos de América.

ISBN: 9781688948044

Diseño: Jurado Publishing.

Edición: Jurado Publishing.

juradopublishing@yahoo.com

Twitter: @juradopublishing

Instagram: @juradopublishing

Prólogo

"Los hijos de la revolución" es una obra ecléctica, llena del sentir de esos jóvenes a quienes se les ha quitado toda posibilidad de futuro y se han visto en la bendita opción de emigrar.

Esto que sucede en la Venezuela actual, probablemente no lo veamos a corto plazo, pero estamos seguros que forma parte importante de la maduración de una sociedad en merma moral, educativa y económica.

Su autora, Marina Hernández Jurado, es una de ellas, de esos jóvenes llevados al extremo y que ha emigrado, aprendiendo otra cultura, aprendiendo de la vida, aprendiendo a ser cada día mejor, más competitiva a nivel internacional y lo ha dejado todo para conseguirlo todo, ha apostado todo su capital, hasta el emocional, para triunfar y cuando nos encontramos con alguien tan convencido, con alguien tan bien formado, lo menos que podemos hacer es abrirle paso y no estorbarle en su decisión.

Posee la autora, una importante y hasta oceánica cultura general, que la catapulta en esta su primera obra, como una escritora con futuro cierto de éxito, porque Marina escribe con el corazón y con la correcta interpretación de lo vivido por todo un país maltratado pero que se subleva desde la psiquis y la acción a perecer.

Esta es una obra que estamos seguros, deja desde ya, una huella que le mojará los ojos, le ablandará el corazón y se instalará en su psiquis con la sabrosura de la buena literatura, de esta joven que escribe como vieja, de esta mujer que honra a su familia y a su país.

Marina Hernández Jurado, es actualmente una brillante estudiante de Comunicación Social en Argentina, donde se prepara sin lugar a ninguna duda, para comandar desde su pensamiento e influenciar con el blanco y negro de su honestidad y templanza, los destinos de su país de origen, la dolida Venezuela.

Jurado Publishing
Grupo Editorial

Agradecimiento

A mi abuelo Bernardo Jurado Toro,
por transmitirme el amor por la
escritura desde el cielo, y permitirme
encontrarlo en cada letra que sale de
mis manos.

A mi madre, por criarme con el
discernimiento para escoger mis
creencias y la valentía para seguirlas.

A mi padre, a mis madrinas, a mi
abuela, y a todos mis tíos, en especial
Bernardo y Santos.

Finalmente agradezco a mi país, por
constituir mi mayor orgullo e
inspiración para este y todos los libros
venideros.

La Autora

Carta a un guardia

Sé que puedes verme.

A veces no te deja la ceguera que te impusieron; puedo notar que el odio y el resentimiento, son los verdaderos escudos tras los cuales te escondes. A veces no te dejan verme, pero mi terquedad me dice que de a poco, lo logramos. Me dice que quizás pasan por tu mente, ráfagas de lucidez que te alumbran, y que puedes entender, aunque sólo sea por un instante, que estás del lado incorrecto.

Quiero creer que de pronto, en la noche, piensas en nosotros. Que te preguntas los nombres de tus asesinados; que piensas en sus madres, en sus hermanos. Quizás recuerdas nuestras caras, y te preguntas si el seguir una orden, vale la pena el tormento.

Quiero creer que ves a tus hijos y tus convicciones tambalean por un segundo, que te preguntas que será de su futuro, que te preguntas si quizás ellos están con nosotros. Y es que si te soy sincera, quiero creer que piensas en nosotros, que les dices a tus compañeros que no todos somos malos, que les ruegas que no insistan en perpetuar esta tortura incesante de quitarnos la paz.

Si yo pudiera acercarme a ti, si pudiera derribar todas esas barreras que llevan el peso de la historia, si detrás de todo tu armamento y tu parafernalia de terror pudiera por un instante mirarte, me bastaría un segundo para decirte que aún creo en ti. Porque sé que en ti se esconde humanidad, y aunque me llamen cobarde, yo aún creo que podemos recuperarte, creo en tu capacidad de entender que esta lucha es mucho más tuya que nuestra.

Escúchame.

A mí, que no tengo más armas que la esperanza que me empapa en cuerpo y alma. A mí, que aun cuando quiero destrozar todo a mi paso, le pido paz al violento y clemencia al injusto. A mí, que no tengo más que estás palabras, que soy solo otra cara, que soy también tu hermana, y tu hija, que nací también en esta tierra y que ya no me queda más nada que las ganas de luchar. ¡Escúchame si es que aún no te arrancan los oídos! ¡Sí es que aún te queda cordura! Escúchame porque es solo contigo que se libra esta batalla. Despójate de todo ese armamento que te hace el alma pesada, suelta los escudos de la tiranía y únete a mí, acompáñame en la búsqueda de la verdad.

Te espero.

Espero a que algún día entiendas. A que de pronto te asalte la certeza de que es contigo que comienza esta requisa por la libertad. Espero a que te nos unas, a que batalles hombro a hombro con los hijos de este despotismo que te arrancó hasta lla empatía. Espero a que entiendas que cuando nos asesinas desangras a tu patria. Que es como si le hurgaras la carne y profundizaras cada una de sus heridas; espero a que entiendas que cuando nos matas también te estás matando.

Recuerda.

Quiero que recuerdes. Que repitas en tu cabeza una y otra vez la avalancha que caminaba hacia ti. Las manos levantadas, las consignas, los días consecutivos e interminables de sol inclemente y poca comida. De asfixia, de violencia, de rencor, de muerte. Recuerda ese clamor, el frenesí de la lucha, recuerda los gritos, cómo lograste dispersar en un segundo a un pueblo decidido a vencer.

Recuerda el día siguiente, cuando volvimos. Y el siguiente después de ese. ¡Recuerda que no nos cansamos! Que no hay armas que puedan derrotarnos porque somos como la marea, somos millones, pero también somos uno solo. Que no importa cuánto intentes cuajar este clamor de desespero, volveremos día tras día.

Yo también puedo verte.

Un día en el TSJ

En mi vida he tenido muchas oportunidades de conocer a personas adeptas al gobierno, de estar cerca de las cúpulas de poder y hasta de trabajar en la administración pública. Después de mucha indecisión, finalmente asumí el reto de escribir sobre mi experiencia acerca de este aparataje que se rodea de cortinas de humo.

Quiero narrar un día en particular en el que asistí al Tribunal Supremo de Justicia, en el marco de la memoria y cuenta de Nicolás Maduro, con el fin de realizar entrevistas para un trabajo de la universidad. Me acerqué a esta emblemática edificación y a toda su parafernalia, no sin un poco de ese miedo de principiante al intentar desempeñarme como una pichona de periodista. Si algo puedo decir es que desde el momento en el que entre en el Tribunal, me rodeó un aura de importancia que pocas veces había sentido en mi vida. Ingresar a esta institución distaba mucho de parecerse a algo popular y al servicio público, para convertirse más bien en una entrada hacia algo reservado para unas pocas personas importantes.

Luego de atravesar las numerosas puertas y explicar una y otra vez mi objetivo a las caras taciturnas de los guardias, conseguí entrar. El ambiente era un tanto sofocante, desbordaba esa sensación de pertenecer a algo inmenso, lo cual resultaba un tanto intimidante para alguien que se sentía una intrusa como yo. Sin embargo, dejé a un lado el miedo y me acerqué a los trabajadores para realizar mis respectivas preguntas.

A pesar de tratarse de un trabajo poco exigente en cuanto a contenido, detrás de mis preguntas bastante típicas y simples buscaba entender verdaderamente la esencia del pensamiento chavista actual y la manera cómo se desarrollaba. Por supuesto, recibí las respuestas que esperaba: al preguntar que auguraban para este año de gestión gubernamental me dijeron que esperaban solo lo mejor, seguido de lo cual repitieron una y otra vez el nombre de Hugo Chávez como si de un mantra se tratase.

Si hay algo que pude observar fue una lealtad desmedida que por supuesto seguía al pie de la letra todo lo que había estudiado en mis clases universitarias acerca del totalitarismo y el positivismo: oí repetir numerosas veces la necesidad de una "bota fuerte" para gobernar la nación, de un hombre que le hiciera justicia el legado del ex presidente y sobre todo de la lealtad que se le debía en honor a su gestión.

Percibí de mis entrevistados, la actitud de quién se aferra a una balsa cuando está a punto de ahogarse, o aquella de quien repite un rezo sin cesar en momentos de pánico. En sus ojos pude ver tranquilidad cuando se proclamaban fieles a Hugo Chávez, como si el hecho de pronunciar su nombre significase de por si una garantía de seguridad.

En ese momento pude entender por primera vez la magnitud del aparataje gubernamental. Es curioso el hecho de afirmar que sólo pude entenderlo observando los engranajes pequeños de esta maquinaria; mis entrevistados no eran los protagonistas de esta revolución que se dice galopante, sino más bien los brazos que la empujaban y los rostros que humildemente entregaban su voto esperando lo mejor. En sus ojos vi lealtad pura y sobre todo mucho desconocimiento, entendí que no bastaban mis argumentos para convencerlos de abandonar su postura, porque en su línea discursiva se hacía notar la necesidad de un despertar que trascendía el simple pensamiento político. Bajo su discurso, que se amparaba en la necesidad absoluta de un estado paternalista, pude ver una ignorancia profunda del verdadero significado de un modelo democrático y de todo lo que ello significaba. Cuando verdaderamente me propuse indagar al respecto pude recordar haber escuchado argumentos muy similares provenientes de amigos y mentores que se proclamaban opositores radicales.

Al final, decían lo mismo: querían salvarse.

Quizá planteaban barcos y protagonistas distintos, pero muy en el fondo todos esperaban a un capitán para gobernar una nave cuyo descenso había iniciado. Ni una vez mis entrevistados (tampoco aquellos amigos y mentores) se plantearon interrogantes más allá de quién iba a manejar el barco en el que pretendían salvarse. Ni una vez sugirieron soluciones para arreglar ellos mismos los orificios en los que se colaba el agua, ni una vez se permitieron mirar más allá de un líder y de una voz de mando.

Al final, eran los mismos.

Claro que sí, diferían en realidad y pensamiento, pero en el fondo su discurso buscaba a un culpable y a un salvador, a alguien que les quitara de los hombros el peso de un país que se les derrumbaba encima. Ni una vez escuché de los radicales de ambos lados una solución que permitiese una apertura del pensamiento, que abarcara su participación y que abogase realmente por la libertad: una libertad no solo suya sino también del enemigo, del contrario, del otro.

Por supuesto, los que me leen y me conocen, sabrán que pretendí, pretendo y pretenderé siempre enseñar a ambos lados que el barco en el que nos hundimos necesita mucho más marineros que tan solo un capitán; que si algo me han dado mis 20 años de no conocer más nada y de quemarme las pestañas leyendo sobre comandantes blancos, verdes y finalmente rojos, era el conocimiento pleno de que el cambio no estaba en el timón sino adentro, muy adentro, en las entrañas del barco.

Sí, todos sabemos que se necesita más un cambio de mentalidad que un cambio de gobierno, pero ¿lo creemos realmente? Estamos dispuestos a mirar a nuestro enemigo y aceptar que su pensamiento no sólo debe tener cabida en nuestra sociedad futura, sino que es necesario que se le represente porque no se puede ignorar ni sofocar a una parte de la sociedad, por más erróneos que consideremos sus principios.

He sido llamada fascista por exponer mi pensamiento ante un lado, he sido llamada también pacifista, ingenua y confundida por exponer mi pensamiento ante el otro. Quizá tengan razón y sea un poco de cada cosa, pero si algo aprendí aquel día en el que salí del TSJ un tanto mareada y tambaleante, fue que la señora que pronunciaba con una mirada soñadora el nombre de Chávez ante mi cámara, se parecía mucho a la que unos días más tarde pronunciaba el nombre de Leopoldo en plena plaza Altamira con una mirada crispada y una bandera en mano.

El último adiós

Adiós.

Lo he dicho tanto que la palabra se amolda a mis labios.

Ya desde niña se hablaba en mi casa de un señor que figuraba entre uniformes y cánticos escarlata que no parecían de confiar. Le dije adiós entonces a una infancia tranquila, y recibí a una que transcurrió entre la zozobra de no saber que venía después.

Le dije adiós al presente porque viví en el pasado cuando me dijeron que antes era mejor. Le dije adiós al pasado cuando me dijeron que se acabaría pronto, y por esperarlo me quedé comprando promesas de dedos morados y llantos de derrota.

Alguna que otra vez le dije adiós a cosas que recuerdo muy poco, como a una estrella de la bandera, a un canal de televisión, a un librito azul cuyo nombre olvidé, y a un caballo blanco que miraba hacia adelante.

Le dije adiós a una adolescencia de desenfreno, porque la calle me exigió cordura. Le dije adiós a mi Ávila porque le cambiaron el nombre, entonces saludé en cambio a un Macondo trasnochado que se hizo cotidianidad.

¡Cómo no! Dije adiós muchas veces en Maiquetía. Tantas que ya se ha vuelto una certeza, que ya casi espero las despedidas, que ya he aprendido a fingir que no me duelen, que he comenzado a jugar al desapego para que el mosaico del aeropuerto no me maree con su vertiginosa soledad.

Le dije adiós a una juventud de banalidad, porque tuve que crecer a los golpes al entender por fin que el pasado no me respondería, y que el futuro no me salvaría.

Un 6 de diciembre fui tan ingenua como para creer que este adiós era el último. Pero entonces poco a poco fui despidiéndome de la cúpula del parlamento, de los supermercados abastecidos, de los almuerzos copiosos, de las farmacias surtidas.

Claro. También lo hice. También le dije adiós a aquel hermano que asesinaron.

Y al otro. Y al otro después de ese.

Le dije adiós a la vida universitaria que me pintaron en la pantalla de mi habitación en el cuarto piso. La mía estuvo impregnada de miradas de desaprobación por querer alzar la voz en un país que vive de mordazas. La mía está llena de discusiones que sobrepasan mi edad, de sonrisas un poco frenéticas por la necesidad de alegría, de una felicidad que se sentía como algo que había que defender.

Cada día le digo adiós al miedo cuando oigo el detonar de la primera bomba, o al menos eso intento. Le digo adiós a la desesperanza cuando me acerco a la multitud con su tricolor, cuando oigo un violín tocando mi himno, cuando me reviento los pulmones cantando una vez más las consignas.

He dicho tanto adiós, que le dije adiós a la cobardía. Le dije adiós a la desidia, le dije adiós a la indiferencia, le dije adiós al conformismo infundido, y a la ignorancia impuesta.

Le dije adiós a los adioses porque ya no pienso pronunciar ningún otro. Porque yo, que me crié entre despedidas le digo: ¡basta! A esa sensación de vacío que queda después de saber que algo terminó. Porque ya lo que me queda no pueden quitármelo, y lo que me queda soy solo yo y mi determinación de seguir adelante. De recuperar una a una las lágrimas que he derramado por sentirme abandonada, asfixiada y sobrepasada.

El único adiós que me permito ahora es el adiós a los torturadores que se regocijan con nuestro llanto, a los que sin pestañear nos asesinan por tener la osadía de pensar.

Le digo adiós a lo inverosímil de vivir sin certezas, a la premura de vivirlo todo ahora por no saber cuándo se acaba, al miedo latente de no saber si hay un mañana.

Le dije adiós a todo, y ahora no le digo adiós a nada.

(Mi) Lucha

En tres pasos supe a dónde me dirigía.

Me vi envuelta en una nube blanca que no me permitía respirar, escuché los gritos, paré durante un segundo y de sopetón lo supe.

Agarré la lucha por el pescuezo y me la llevé hasta mi casa. Dormí con ella en el mismo lecho, le dedique unas cuantas lágrimas, la hice gritos y la convertí en las pulsaciones de mi pecho.

Era mía. Y sólo lo entendí después de vivirla.

Yo, que siempre tuve medio cuerpo en Maiquetía comprendí de un zarpazo que esta lucha me pertenecía. Y se volvió letras, desgasté su ímpetu en mis labios, la inhalé como el aire y me llené de ella hasta reventarme el pecho.

Y entonces mire a mi alrededor y descubrí a mi paso una ciudad taciturna, que se me puso bonita y se vistió de gala cuando me regaló un amanecer que me descosió el alma y me empapó las pupilas de verde esmeralda.

Y vi a una montaña que me sonrió como si no supiera nada, que insistía en enamorarme con sus caricias de cielo azul celeste y su brisa balsámica del atardecer.

Y vi nuestros rostros. Y los de ellos.

Y vi la historia que se escondía entre las fisuras del pavimento, y vi las instituciones que me mordían cada vez que intentaba alcanzarlas.

Y ahí lo supe...

Que era una lucha que trascendía los megáfonos y la necesidad de protagonismo, que se hallaba mucho más allá de un nombre y un cargo, de un uniforme y de un disparo. Porque era una lucha que me pertenecía, que era tan mía que llevaba mi nombre. Me adueñé de ella de tal manera que se me hizo irreversible, me impregné de su sustancia y le arrebaté lo ajeno.

Y después entenderlo, di tres pasos y escuché mucho más adentro y mucho menos afuera una voz que gritaba: ¡Libertad! Y entendí que ésta también era mía.

Y me abrí paso como una guacamaya rajando el cielo, y decidí ser libre en el país de los esclavos. Y convertí la libertad en mi aliada y al brío en mi compañero. Y me armé de versos y me escude con papeles, y por fin lo supe.

Supe a donde iba, supe que ya había llegado.

A ti, que no te olvido

¿Y si te dijera que aún no te olvido?

Si te dijera que a pesar de los numerosos intentos, de vez en cuando me encuentro aferrándome a algún recuerdo que tengo apretado entre los puños. ¿Qué pasa si te digo que a veces te me asomas con tu olor a café y tierra mojada? ¿Que escucho el susurro de tus matorrales? ¿Que de pronto siento una caricia y al voltear a buscarte te consigo a pedazos?

Sí, te recuerdo...

No importa cuánto han intentado que te olvide, detrás del humo y los gritos y la sangre que corre a borbotones; yo te encuentro. Es como si tuviera un pedazo de tus entrañas apretujado entre los labios, es como si te negaras a dejarme.

A veces, cuanto me siento desesperada, cierro los ojos y pienso en tus siluetas. Recorro uno por uno tus ríos, tus colores, tus araguaneyes y el canto de tus pájaros. Cierro los ojos y te hago mía: completamente mía. Nos convierto en una sola, me vuelvo tierra, arena y mar, me vuelvo bondad, me vuelvo el retumbar de la sabana en el ocaso. Solo así puedo, finalmente, recuperar el aliento y continuar la lucha contra el olvido. ¡Yo sé que no te has ido! ¿Cómo te vas a ir si te siento en cada pálpito de mi pecho? ¿Cómo te vas a ir si te encuentro tantas veces en los suspiros de mis hermanos? ¿Cómo te vas a ir con tanta gente dispuesta a recuperarte?

Ay, mi patria, a veces te me haces chiquita. A veces tengo que encogerte para que me quepas en el corazón, a veces tengo que llorarte para que no te me hagas tan grande. Si yo te jurara que mi piel morena te pertenece, que el cabello me huele a mar Caribe de tanto que te anhelo, que tengo entre las pestañas, virutas de esperanza para que no se me olvide mirarte.

Estoy aquí, esperándote. Aguardando el día en el que me recibas y me acunes en tu seno, en el que silbes una tonada que se me meta en el pecho y cure como un bálsamo, todas mis penas. Estoy aquí, con mis heridas y mis cicatrices, con los ojos aguarapados y un par de puñaladas que llevan el nombre de tus hijos en las costillas.

Aquí te espero, en pie de lucha, en mi mano derecha el pulso con el que te escribo y en la izquierda, la mano entrelazada de tus hijos.

Aquí te espero, mientras te lucho. Espero a que un día me compenses tanto dolor y me devuelvas la dicha de conocerte, de saberte entera y libre: de saberte mía.

...¡Estudiantes!

La mochila, la cédula, los jeans y las trenzas bien amarradas.

La gota de sudor resplandeciente sobre la sien. El pecho agitado. La camisa rota. La garganta desgarrada. Y entonces el grito: ¡Estudiantes!

La cárcel, la opresión, el funeral del futuro, la mano derecha del guardia sobre el pescuezo. El sórdido resonar de las botas sobre el concreto... ¡Estudiantes!

"Se lo llevaron"

"Lo mataron"

"¿Si no es ahora, cuándo?"

"¿Y entonces... hasta cuándo?"

El carbón para esbozar la historia. Los retazos de adolescencia para escudar las balas. El mismo grito en el mismo lugar. El paso fugaz de la vida en el roce del perdigón con la oreja izquierda. La libertad que se escurre entre los dedos. El júbilo entre el abismo de los barrotes. El espinazo atrofiado de cargar la nación.

El exiguo rincón de los sueños. El susurro de los antepasados. El añil melancólico del turpial. Los arañazos de la impotencia.

"Me voy"

"Me quedo"

El frenesí del gatillo. El vaivén de los rostros blanquecinos, la plegaria entre diente y diente. Un par de manos levantadas, el chillido cínico de la muerte entre la multitud... y un aullido desahuciado: ¡Estudiantes!

Carta a los caídos

De antemano te digo que esto no es una despedida, no se puede despedir a quien no se conoce, y yo no te conozco, ¡pero cómo me dueles!

Y es que no te conozco, pero te lloro. No te conozco, pero veo tu rostro, el tuyo y el de tus hermanos, cada vez que cierro los ojos para secarme el sudor de la sien. Yo no te conocí pero vi tu cuerpo un día entre las estadísticas de los que perecieron, te vi en el titular del periódico y también en boca de unos cuantos que te olvidaban a la vez que pronunciaban tu nombre.

Tú, a quien de pronto y sin aviso le arrancaron la vida de un tajo. Hoy yo te escribo a ti, te escribo porque me encuentro dando tumbos entre mis compañeros, intentando rescatar el pedacito de conciencia que no nos quitan todavía.

Te escribo porque me estremezco de indignación ante tu pérdida, te escribo porque me niego a olvidarte.

Te escribo a ti, a la carajita que no llegaba ni a los 20, a la que le arrebataron el aliento con una bala que llevaba nuestros nombres. Te escribo a ti, el de 21, el que vio por primera vez a la muerte en los ojos de un guardia.

No te conozco, pero te llevo en mi pecho, y me niego a despedirme porque estás en mi voz cada vez que grito pidiendo libertad. No te despido porque recordarte no es suficiente. Es necesario lucharte.

Tú, hermano, tú eres la lucha. Eres más que su costo, que su saldo, que su inevitable consecuencia. Eres la sustancia misma de esta batalla, eres el rostro detrás de la consigna.

Esto no es una despedida sino una promesa. Te prometo que seguiré empuñando mi verbo como espada de guerra. Te prometo que no dejaré que tu vida pase en vano, que besaré la tierra en la que ahora yaces cuando sea libre; cuando seamos libres. Te prometo que descansarás en una cuna de justicia, en un nicho de verdad.

No me despido de ti porque te llevo cerquita. Porque te haré justicia en cada paso de esta batalla, porque ni tu vida ni tu muerte pasarán en vano mientras nosotros, los tuyos, aún tengamos el brío de defender lo que es nuestro. ¡Porque tendrán que arrancarme la garganta para impedirme gritar en tu nombre! ¡Tendrán que arrancarme los dedos para impedirme escribirte!

No te despido porque no te fuiste. Mientras persista la libertad y quien se atreva a buscarla, esta requisa estará empapada de tus ganas incontenibles de vivir, del río sin cauce que fue la lucha que te atreviste a emprender.

Porque "sólo es digno de libertad quien sabe conquistarla cada día" (Goethe), por eso te prometo rendirle pleitesía a la vida que dedicaste a intentar seguir viviendo.

Independencia y otras falacias

El acta está rociada de sangre. Sus letras se marchitaron, sus dogmas allí estipulados, quedaron como fantasmas que ahora transitan el parlamento con su llanto lastimero, intentando hablarles a los que aún quieran oírlos.

El parlamento está vestido de escarlata. Sus paredes gimen, le pesan los años -206 años- le pesan los tiranos, en sus vísceras gritan los espectros del cuello blanco exigiendo regresar. Afuera, pululan ahora los de la vestimenta carmín, y a su paso destruyen el camino que alguna vez se llamó "Independencia".

Se me hace un pecado no escribirle a la República cuando se encuentra agonizante. Se me hace un delito no versar a la patria cuando está convaleciente; cuando clama suero de justicia e inyecciones de piedad.

Se me hace una nación de juguete. A la que encuentro sólo entre libros y escritos que me prometen que hubo un ayer, que me ruegan que haya un mañana.

Se me hace un país de adorno. Porque su entereza y justicia, su pilar de democracia, sus leyes y su forma, de hacerme retroceder en el tiempo se encuentran muy adentro del pavimento, o muy afuera en los cuadros que permanecen inertes en las paredes, sólo en las memorias de los que se atreven a recordar.

Y entonces me pregunto cuál atentado será el último, asumo que fue el destino confabulando para darme de qué escribir. Pienso que se trata de una comedia dantesca que se burla de mis letras lloronas y que parece mucho más fantasía que historia.

Le escribo nuevamente a esta patria esquelética, al mismo tiempo me tiembla el pulso mientras escucho las detonaciones muy adentro de sus entrañas.

Resulta que entendí que ni engalanada se salva del desespero. Me pregunté cuándo será que vendrá la independencia de los tiranos. Cuando acabará la ignominia de la poltrona del palacio de Miraflores, cuando dejará de ser un cachivache esto que tan campantes llamamos "República", cuando dejará de ser falacia la independencia que este 5 de julio estupraron hasta el hastío.

Las caras de la Revolución

A las 5 en punto por mi casa, se hace la cola para el pan. Están los de siempre: la mujer con la ropa descocida que con una mano se seca el sudor y con la otra sostiene al hijo que amamanta. La viejecita que repite un "hasta cuando" que cada día se hace más inaudible, el obrero que se fuma un cigarro y con exaspero le dice a la vieja "que se calle, que esto va pa´largo", y la muchachita de ojos apagados que se resigna a esperar mientras cuenta una y otra vez los billetes que lleva en la mano.

En sus miradas, una por una, me encuentro dejos del legado rojo. Resquicios del carmín que tiñe las calles citadinas. La Revolución se me presenta de distintas maneras: a veces es la sonrisa casi animalesca del niño que consigue un pedazo de comida en la basura, a veces es el disparo que me despierta en la madrugada, a veces es el "adiós" que empapa las paredes de Maiquetía, a veces es el pánico que se me anida en el pecho cuando el hombre de la esquina decide seguirme los pasos, a veces el "cuídate, por favor" que me susurra mi abuela con desespero.

La Revolución, camarada, está en todos lados. Te equivocas si crees que te la encuentras sólo en los ojos que te miran burlones desde lo alto, o en el agujero del pantalón de la niña asesina. También está apretujada en tu pecho, entre las costillas, en el suspiro de resignación que te impide seguir adelante. La Revolución no sólo es bonita sino también rotundamente exitosa, sonríe desde su palco cada vez que te arrebata ese pedacito de libertad que nunca creíste perder, con picardía reafirma su éxito en el grito apretujado de desespero que guardas en tu pecho.

Fíjate tú, ¡Qué hasta tú llanto fue Hecho en Revolución!

El éxodo

Al mosaico de Maiquetía le faltaban piezas.

Su suelo estaba roto, desgastado de tantas pisadas. En la pantalla se observaban los distintos vuelos, reduciendo las despedidas a la simpleza de un *boarding time*.

Se observaban grupos de personas acurrucados en diferentes lugares, había en el aire un "adiós" implícito y taciturno que colmaba el ambiente.

Había llegado el momento...

A una maleta negra se redujeron 20 años de vida y lucha, un pecho empapado de nacionalismo y unas cuantas heridas de batalla.

Había llegado la hora...

Me saludaba por fin aquel mosaico, tanto lo había reproducido en mi mente que se me hacía familiar.

A un boleto de avión se redujeron todos mis sueños, eran tan ligeros que me cabían en la mano, eran tan etéreos que volaban.

Y entonces mis raíces quedaron colgando, mi identidad balanceándose en un pedazo de tierra que se veía calma y armoniosa desde las alturas. Y entonces yo misma quedé como en un vaivén; suspendida en el cielo, y sentí como se desprendía una parte de mí y se aferraba profundo en la llanura, y recorría las raíces de todos los árboles, y se empapaba del agua del Orinoco y del manantial del Ávila, y se arrullaba en una tonada llanera y sabía a sal y tierra, a selva y montaña; a azul celeste y verde esmeralda.

Y me sentí como un pájaro rajando el cielo cuando dividí mi alma en dos y quedé para siempre suspendida entre las nubes, lancé mis versos al aire para que cayeran en mi tierra, y mi lengua y mis labios juraron para siempre, adueñarse de la palabra para convertirla en tricolor.

Y me llevé una estirpe de grandes, cien años de historia, mil corazones rotos y la esquina de la ventana rota de mi habitación.

Y me llevé mis recuerdos -todos ellos- me los metí en el pecho y los acaricié con ternura.

Y dije el adiós que tanto había anhelado pronunciar, y al pronunciarlo se me descompuso el cuerpo, y se alojó en su nicho un dolor recurrente justo al lado de la dicha de haberlo logrado.

De pronto me encontré en mi

cama, empapada de sudor; despierta de nuevo. Con un amanecer anaranjado penetrando mis cortinas y un olor a café que colmaba todo el cuarto, y no pude evitar sonreír cuando escuché de nuevo el canto de un pájaro en mi oído y aún con los ojos cerrados recibí a los rayos del sol que dieron gritos en mi espalda.

Me puse los zapatos y salí de nuevo a la lucha, grité todas las consignas y sostuve todas las pancartas. Pero al llegar a casa, me esperaba el mosaico entre las sábanas, sin prisa alguna, con la calma de saber que lo encontraría, con la certeza de saber que mis sueños estaban hechos de semillas y no de raíces, con los brazos abiertos hasta que lo quisiera el tiempo.

Al ver la esquina rota de mi ventana, entró en mi habitación un pedacito de cielo que me aseguró que me esperaba el mundo, me tomé el pulso y corrió en mi sangre caliente, el fervor de las fronteras.

Descubrí que ya no había horizontes, me pertenecieron de pronto, todos los confines. Entonces saludé una vez más a Maiquetía, sostuve sus manos con un "pronto" entre los labios, y mientras tanto luché por recolectar sus piezas, para no verla tan rota, para que no nos faltara tanto.

Los muertos no hablan

Yo los vi mientras caían, en medio de la algarabía, con los pulmones atapuzados del humo que ya se había hecho costumbre. Su grito me perforaba los oídos, retumbaba en el aire y me hacía eco muy adentro del pecho. Corríamos sin saber a dónde y ya ni nos reconocíamos; no sabíamos de dónde venían, nos agarrábamos de las manos y fingíamos ser valientes mientras nos traicionaban las piernas temblorosas. Ya habíamos olvidado hasta nuestros nombres.

Y entonces, después del alboroto, supimos que se habían ido. Nunca los conocimos, pero la noticia nos reventó los tímpanos como si hubiesen crecido a nuestro lado. En sus caras vimos a nuestros hermanos, a nuestros amigos, a nuestros padres: a nosotros mismos. En su historia reconocimos la propia, y en secreto miramos al cielo agradeciendo que esta vez aquel disparo y aquella bomba habían errado nuestros corazones.

Y pasaron los días y nos quedamos sin ellos. Lo arriesgamos todo y sus nombres tantas veces escritos se evaporaron con la lucha que tú juraste proteger.

¿Qué pasa?

¿Te horroriza que me atreva a mencionarlos? – Sí, imagino que debe escandalizarte saber que nosotros no los hemos olvidado.

Resulta que para nosotros, no basta escribir sus nombres sobre el pavimento. No bastan las velas hipócritas y las marchas silenciosas; los megáfonos parlanchines ni la palabrería adornada.

Resulta que un minuto de silencio no puede devolverles la voz.

Ahora que quisiste guardar bajo llave tu canto otrora patriótico, después de que te creíste dueño del tiempo y de la tierra. Después de que fuimos dejando en el camino una estela de valentía y miedo entrelazados, después de que se suspendió en el aire nuestro esfuerzo y nuestro coraje.

Ahora, que se ha acabado. ¿Puedes verlos ahora?

Sus rostros yacen bajo tierra. Los años transcurridos jugando en el patio trasero están muy abajo en el fondo, donde nadie los acompaña. Los enterramos y con ellos enterramos un poquito de nuestro presente y mucho de nuestro futuro. Juraste llorarlos hasta el cansancio y usaste esas lágrimas de pacotilla para fingir que había algo detrás del ego que motivaba tu voz de mando.

Les mentiste, nos mentiste, te mentiste.

Y ahora que ellos aguardan como congelados en el tiempo, sabemos que no podemos olvidar el último suspiro que dedicaron a la patria que se desvanece de a raticos.

No te preocupes, ellos no pueden verte. No pueden juzgarte, ni reprocharte su partida. Eres libre de pisotear su memoria porque no hay consecuencias, ni venganzas en la oscuridad de su sepulcro.

No te preocupes, ellos no gritan.

Cuando te levantes en las noches con el corazón en la mano y la frente sudorosa, eres libre de repetirte que fue sólo un sueño, de aplastar a la culpa con la certeza de saber que poco a poco juegas a borrar su recuerdo. Eres libre de lavarte las manos una y otra vez hasta que te convenzas de que se les quitó la sangre.

Puedes jugar a engañarnos y a engañarte con canciones de paz y bailes de júbilo. Puedes congraciarte con tu imagen de benevolencia. Puedes vestirte de blanco y repetir sus nombres hasta convencernos de que no dejaste a la batalla en su lecho de muerte.

Repítete sin cesar que estás a salvo, que ellos no hablan. Pero recuerda siempre que nosotros no hemos callado.

¿Sigues conmigo?

Se secó la sangre sobre el pavimento.

La borró la lluvia de las tardes y el sol de las mañanas.

Pasaron los días, y con los días mi mano derecha se quedó rígida y tiesa. Se me acalambraron los tendones y de pronto, descubrí que ya no salían palabras de mis dedos.

Pasaron días y más días. Entre neblina confusa de recuerdos, entre el vaivén del pasado y el futuro. Se me empañaron los ojos y de pronto no pude ver más allá de mis narices.

Me encontraba entumecida, con la cabeza palpitante y sin las letras que otrora me amparaban. Me encontraba caminando y viviendo, sonriendo y llorando, sin saber a dónde iba y sin saber de dónde vine.

A mi alrededor quedaba muy poco. Se habían acabado los gritos que me inspiraban y la esperanza que se deslizaba en forma de sudor bajo el sol ardiente. El clamor que había surgido quedaba ahora como un eco en mi cabeza. La página estaba en blanco, y en blanco estaban mis ojos y mi cabeza, mi alma y el cielo que veía a través de la ventana.

Quise correr y me fallaron las piernas. Quise acostarme y me detuvo una voz en mi cabeza rogándome que me moviera. Quise salvarme y me lo impidieron los fantasmas sobre cuyo sepulcro había llorado tantas veces.

Me ofrecieron de consuelo, papelitos azules y blancos. Me ofrecieron por bálsamo, unas urnas de cartón, me cambiaron palabras de aliento y lucha, por discursos azucarados y excusas gastadas.

Moribunda y sedienta de vida, acaricié el teclado. Derramé unas lágrimas de añoranza por aquellos días en los que me recorría el cuerpo una lucha vibrante en forma de pueblo bravo. Derramé unas cuantas lágrimas por mis páginas que exudaban vida, verdad y valentía. Le pedí al papel que se quedase a mi lado mientras yo descubría cómo comenzar de nuevo, mientras yo buscaba formas de revivir lo que había muerto, mientras yo buscaba paletas y pinceles para devolverle al cielo el azul celeste, y a la montaña el verde esmeralda.

Lloré hasta que logré ver de nuevo. Lloré por todos los días y por todos los escritos, por las ilusiones rotas y por aquellas veces que creí que, de una vez por todas, había llegado el final. Sacudí mis hombros con sollozos hasta que logré despertar a mis manos. Y finalmente comencé de nuevo.

Saludé a mi hoja como si nunca la hubiese conocido. Como si fuese de nuevo aquella que le temía a las palabras y que se sentía muy diminuta como para enfrentarse al verbo. Saludé a la hoja y con ella a una bandera.

Saludé a la hoja y también de nuevo a la terca esperanza. De mis manos salieron versos choretos y cojos: pero míos. Los arrastré conmigo a donde iba y me estrujé los sesos hasta darles vida.

Escribí otra vez sobre aquella lucha. Escribí otra vez sobre aquella pena ineludible que nos acechaba el alma y que tenía nombre, apellido y locación. Vestí de nuevo a la hoja de líneas negras y quise recordar que aún no habíamos acabado.

Esta vez no me importaron las críticas tan esperadas, ni los comentarios de aliento. Esta vez no sentí un salto en el corazón al mostrar lo que con tanto esfuerzo había hecho. Había pasado tanto que ya solo quedábamos mi página y yo, mi lucha y yo, mi patria y yo. Y esta vez no supe a dónde conducirme ni supe pronosticar los días venideros, esta vez me quité la máscara de sabihonda y no quise pretender que podía entender lo inentendible. Los libros de historia con los que antaño quise explicarlo todo, quedaron en el fondo de mi armario, porque esta vez no había nada más allá de un par de manos que luchaban y un par de pies para continuar andando.

No supe responder a las preguntas de crítica política. Ya no tenía palabras mordaces ni opiniones bien formadas. Parecía como si los meses de neblina asfixiante me hubiesen quitado el criterio férreo e inalterable que solía tener: ahora era más voluntad que teorías democráticas.

Quisiera decir que conozco el camino, y que aún después de tantas decepciones, conozco las pautas para sacarnos de este túnel que a veces parece una cueva. Quisiera decir que tengo respuestas en la mano, en los labios y sobre todo en los libros, pero ya no me quedan las respuestas elocuentes ni las miradas perspicaces de sabiduría de biblioteca.

No sé nada y no tengo nada más allá de mi voluntad. A ti que me lees te digo que decidí que mi voluntad y la tuya son suficientes. Que estos meses nos han confundido y destrozado, pero también nos han fortalecido. Que ahora nuestra voluntad no posee límites, ni barreras porque aún sabemos que fue con ella que enfrentamos los horrores de la calle. Quisiera tenerte una respuesta pero mis palabras ya no son palabras sino latidos, y ya no soy sabía ni valiente sino tan sólo perseverante.

Quizás solo ahora, puedo comprender que la sangre del pavimento continuará seca y marchita, que ya no habrá voces que rugirán para inspirarme, porque ya no habrá consuelo en la pancarta ni esperanza en la acera de enfrente. Pues ahora la esperanza no es un regalo sino un deber que pesa sobre mis hombros y mis manos, pues ahora la lucha no es una ilusión sino una tarea. Ahora debo ser que yo quien rescate de a poco lo que se me fue perdiendo con el paso de los días, ahora es mi turno de encontrar rumbo entre lo inexorable y de devolverle el pulso a mis venas.

Yo sigo aquí aún con el Ávila reflejada en cada lágrima y con la bandera justo entre las costillas, yo sigo aquí: aún respiro, aún siento, aún amo, aún espero y aún tengo la certeza de ver la luz al final de este túnel. ¿Sigues conmigo?

Otra vez Caracas

El chillido de una guacamaya. Un olor a café recién hecho. Una montaña que llora. Un sol que no perdona. Un cielo azul celeste que se abre paso al corazón.

Buenos días, Caracas.

El zumbido incesante de una ciudad en pena. Un cuchillo, tres disparos, una sonrisa y el paso rápido sobre el concreto agrietado.

La juventud breve y penosa. La alegría entre puertas. La sed y el hambre. Aquel titular del periódico.

Caracas, de nuevo Caracas.

Llevarse con el bolso la valentía a cuestas. Las palabras de aliento. Las lágrimas de desespero. Las ruinas que se derrumban. La ley que muestra los dientes. La injusticia que ahorca y espera en cada esquina. La esperanza breve y penosa. De nuevo la sed y el hambre.

El alba que ignora la agonía. La morgue en plena acera. El comedor detrás del basurero.

Un grito a medianoche. La vida sofocante y austera. Las ganas de irse mañana. Las ganas de quedarse por siempre.

Tú, Caracas.

El ocaso que se cierne impaciente sobre los hombros. La ciudad que recibe a las penumbras. Las luces que titilan. Las hojas verdes que se vuelven amarillas.

Los rostros que pasan fugaces, sin mirar a un lado. Las miradas de desconfianza. La cartera apretujada al pecho.

La llave en el cerrojo de la puerta –llegaste, estás a salvo–.

Un beso robado entre las angustias. Un delirio de salvación entre la algarabía. Un espejismo de futuro. Un patriotismo con sabor a pasado.

El avión que deja su estela en el cielo. Un suspiro con aliento a nostalgia. Arrastrar el ayer hacia el mañana, dejar el mañana para después.

La paradoja de amar el destrozo. Una vida entera entre escombros.

Otro día, otra noche. Otro disparo. Otra sonrisa. Otra vez Caracas.

Mujer Caribe

El repique de un tambor anuncia el amanecer que se levanta acariciando la espalda. En la ventana, un pájaro de colores imposibles, grita para quien lo escuche. Enseguida, un aroma a café recién hecho y de nuevo, aquella mujer.

Yo la conocí una mañana de octubre con el sol que le caía a cascadas sobre el pómulo derecho. El cabello hasta la cadera, olía a coco y a sal, y la sonrisa perlada resaltaba sobre la carne color canela. Desde ese día la recuerdo y para quien todavía me lo pregunta, le respondo que desde la conocí solo he tenido un deseo: ser como ella.

En la curvatura de sus caderas, se escondían tímidas, unas olas azules salpicadas de espuma. Por boca tenía un mango maduro, y por piernas las hojas grandes y verdes del plátano. De la cavidad de su ombligo, surgían como lluvia, unas flores violetas que dejaba regadas al caminar.

¡Ay, como quiero ser ella! Le conté un día al mar mientras hacíamos el amor. Yo quiero ser como ella, para que mis piernas abran brechas en todo suelo que pisen, para que mis manos huelan a maíz y para que mis besos tengan gusto de cacao.

Así, le dije, -y creo recordar al mar riéndose sobre mi pecho- así, igualita. Para que alrededor de mi cintura tenga trozos de cadenas rotas. Yo quiero ser así, irreverente, para que todo el que quiera tumbarme, acabe echado al lado de las cayenas que tendré por orejas.

Yo quiero llevar a la jungla en todo el medio del pecho, a una palmera en el vientre, a un vendaval escondido entre las piernas y a un trueno en la mirada. Yo quiero estar hecha de música, que mis palabras bailen al son de una trompeta; quiero quedarle corta a la falda y chiquita al romper de las olas. Quiero quedarle grande al mundo y que mis muslos calientes no conozcan nunca el frio.

¡Quiero ser como ella, carajo! Como aquella mujer del Caribe. Que llevaba a todos sus hijos escondidos entre los omoplatos, en cuyos tobillos todavía se vislumbran las heridas de los grilletes que durante tanto tiempo ataron su esqueleto a la tierra morada de los antepasados.

Yo quiero hacer de una mujer el Caribe, y del Caribe una mujer. Para que me susurre "lucha" cuando quiera rendirme, para que me manche de sangre cuando se me olviden las batallas, para que al enfrentar las penurias me lleve con su corriente, para que cuando me sienta sola me tueste la piel con la luz del sol hasta que mi sudor sepa a azúcar morena.

Quiero ser ella para recordarle al mundo que estoy hecha de cuero, que en vez de andar, cabalgo sobre la cresta de un caballo, que no se me ha olvidado el pasado y que todavía guardo entre los sesos un arco y una flecha.

Del Caribe, para que al verme no se les olvide a lo que vine. Para que nunca más entierren a los míos entre escombros de tierra perdida. Para que nunca más me escupan en la cara palabras de descubrimiento. Y así toda vez que quieran vencerme recuerde yo aquella mañana de octubre donde la conocí, a ella, a una mujer Caribe.

Un día cualquiera

La misma incertidumbre de los días pasados, me saludó inclinando la cabeza. Me puse en la fila con una cara de resignación indiferente, para que no se notara el horizonte de lágrimas que se me dibujaba en la mirada. Se oían las mismas conversaciones, se seguían las mismas instrucciones, se atravesaban las mismas puertas. Finalmente me encontré de nuevo en frente a la pantalla que me presentaba dos opciones y titilaba con un sarcástico resplandor blanco.

-Ni modo...- Pensé. Y apreté el botón al que tanto trabajo me costó llegar. Deposité la papeleta en la caja de cartón, y muy en silencio (para que no se me notara lo ingenuo), susurré un "por favor" que surgió desde el fondo de mi garganta, en donde anidaba desde hace años una desesperación que ya me desbordaba el pecho.

Al regresar, caminé despacito y besé otra vez al cielo añil. La verdad es que no tenía más remedio. Tenía la mano acalambrada, me había quedado sin versos, sin esperanzas y sin respuestas. No tenía nada más que un amor insano y malévolo que me invadía el cuerpo, y me hacía suspirar cada que vislumbraba la montaña.

-Por favor, por favor, por favor...- Volví a ser una niña lanzando al aire plegarias absurdas. Cerré los ojos bien fuerte y apretando los puños quise con toda mi alma que aquella papeleta tuviese algún sentido.

Claro que era insensato. Claro que era irracional. Claro que era ingenuo. Lo cierto es que la ingenuidad de tener esperanzas era de las pocas cosas que me quedaban.

Pasó el día y la tarde y las horas muertas que se colaban a través de mi ventana. Cuando llegó la noche, pasó de nuevo. Aquel zarpazo de angustia como una bala entre la garganta, aquella capacidad de asombro que creí perdida, la mirada que se me perdió en el vacío y el "por favor" de la mañana que se burlaba haciendo eco en mi cabeza.

Dormí, soñé, derramé unas cuantas lágrimas y desperté de nuevo.

Entonces amaneció de nuevo y comenzó otro día. El día después.

Un día más. Uno más, otra vez.

Ahí estaba el sol, para mi sorpresa. Pensé que se iría corriendo entre la turbación y el desespero. Me vestí otra vez y abrí de nuevo la puerta.

Afuera, me tropecé de bruces con la calma.

Miré todos los rostros y atravesé todas las calles como buscando a quién gritase, como procurando en las aceras la desesperación que llevaba en el pulso. Me encontré con una tranquilidad dormilona, y con una zozobra apaciguada y taciturna.

El sopor de la ciudad acabó por atraparme en un embrujo de apatía y me encontré caminando las calles, mientras olvidaba las preguntas de mis respuestas, dejando en cada cruce el fulgor de mi pecho encendido. Encontré vacío y abismo, y descubrí varios laureles en los que dormían las voces de mando.

La ciudad acechaba y corría. Jugaba a las escondidas y se ceñía a una paz de azúcar y almíbar que le servía como disfraz. Había contradicciones escritas en las paredes y frases dichas al aire que no tenían ningún sentido; los transeúntes buscaban desesperados respuestas en las suelas de sus zapatos y se daban golpes frenéticos contra el concreto en sus narices.

El día se hizo confuso y ambiguo, se hizo atemporal y atravesó el cielo raso con un quejido de anhelo. No sabía en qué año estaba ni a dónde iba, se me olvidó la diatriba del momento. No supe decir con claridad cuál era la sonrisa de turno que buscaba venderme alternativas que no llegaban nunca; cuál era la solución de moda, el *trending topic* de las pancartas, la buena nueva que no aterrizaba nunca.

A través de mis ojos cruzaron entonces, aviones a vuelo fugaz. El mundo se me hizo muy grande y muy chiquito. Se llenó de horizontes inexplorados, pero de pronto se quedó en penumbras con una sola luz que titilaba indicando en dónde se quedaba mi corazón.

Me preguntaron cien veces y cien respondí que no tenía respuesta. Y entonces, el día se convirtió en noche y ésta se me hizo escueta y malévola, me hundió en un sueño que giraba en espiral y me mantenía atada de bruces a un árbol –creo recordar que susurraba delirante una palabra prohibida que sonaba a libertad.

Los días con sus minutos me aplastaban al ritmo del compás de un cuatro; cambiaron las pancartas de sitio y las canciones de letra. A cada segundo se olvidaba el segundo anterior; me dijeron que esa era la regla.

Se planteaban las mismas soluciones de nuevo y de nuevo otra vez; parecía que nos había acechado la peste del insomnio que cayó sobre Macondo en las letras de García Márquez. Hasta nos veíamos en la necesidad de renombrar lo nombrado, porque se nos olvidó cómo nombrarlo.

La historia dejó de repetirse y se volvió una espiral, se hizo y se deshizo; nos atrapó a todos en ese lugar mágico y adictivo del "quizá mañana". Y para más contradicción, descubrí que los días y las noches me hacían el amor con desespero, descubrí que los amaba incluso más a medida que se volvían confusos e inexplicables.

Sigo sin tener respuesta y no creo tenerla pronto. El amor y los días ya no me caben en el alma y en su terquedad decidieron convertirse en letras.

Hoy sigue siendo un día cualquiera.

Credo de los soñadores

Sé reconocerlos, los distingo desde lejos.

Tienen la mirada perdida y una sonrisa intermitente que los acompaña día y noche. Andan por la calle mirando el blanco perla de las nubes en vez de las grietas del pavimento.

Cuando veo a uno, le sonrío, le ofrezco la mano y le invito un café. Me gusta sentarme con ellos, que me embadurnen de sus ideas alocadas; me gusta dejarles la puerta abierta y ver como poco a poco, se va colando en mi corazón su esperanza terca e impertinente.

Para que te cuenten sus anhelos, hay un secreto: tienes que dejarlos entrar. No hay que forzar las palabras, más bien hay que lograr que ellas mismas salgan como mariposas volando de las bocas, hay que cederles el asiento y cantarles una tonada, y así poco a poco van extendiendo sus alas y se van revoloteando a tu alrededor.

Da igual en lo que piensen, yo estoy enamorada de todos. Hay los que planean acabar con el mundo a punta de versos, están los que se valen de una brocha como lanza contra las injusticias, están los que soñaron entre humo y escombros; y los que en cambio sueñan detrás de las fronteras y los folios del pasaporte.

Da igual de donde vengan y hacia donde vayan, con bandera o sin ella. A mí no me importa qué libro tengan entre las manos, siempre y cuando se iluminen sus ojos cuando me reciten palabras de salvación, la verdad es que por estos tiempos, me conformo con dejarme elevar hasta que juntos toquemos el cielo con la punta de los dedos.

Creo en todos, y en cada uno. Creo en los que se fueron por estar soñando, en los que ahora sueñan desde arriba. Creo incluso en los que no creen en sí mismos. Creo quizá porque no me queda más remedio, porque yo misma me veo reflejada en sus respiraciones erráticas y en sus pulsos acelerados.

Por ellos, los soñadores, yo daría unas cuantas vidas. Por ellos de quienes hablan los lúcidos entre sus candados y sus nubes de opio, por ellos que construyendo una telaraña de añoranza, han logrado elevarse sobre los que caminan tan campantes con los pies en la tierra.

¡Brindo por ellos! Los que este año se desgarraron las vestiduras esperando un no sé qué y un no sé cómo. Los que agarraron dos maletas y dijeron adiós mientras se quitaron la ropa y se lanzaron desnudos al mar de las incertidumbres.

Por todos ellos, por todos nosotros. Los que ya se fueron y los que aún siguen, por ese algo latente y palpitante que confío (¿y quizá este soñando?) alguna vez logre reconstruir las ruinas sobre las que deliramos.

Porque valen la pena. Vale la pena el riesgo de llevar al miedo en la mano y no en los pies, vale la pena la nebulosa sempiterna que los rodea, vale la pena beberse sus ilusiones hasta acabar borracho de vida. Vale la pena azotar a la desidia y amarrar a la desesperanza, pisotear al olvido y acostarse con la perseverancia.

Porque para dejarlos entrar, hay que abrir puertas y ventanas (no vendrán si no es a casa abierta). Para que se queden, hay que concederles un rayito de luz y unas gotas de agua con las que regar sus deseos. Para que se queden, hay que volar con ellos; hay que escuchar al propio retumbar del pecho, hay que soltarse la coleta, abrir un par de alas y rajar el cielo cual gavilán hasta asirse a la rama del empeño.

Porque si no he de brindar por ellos, ¿por quién entonces?

Porque si no he de confiar en ellos, ¿en quién entonces?

Y si no es para ellos, ¿para quién entonces?

¡Llámenme ilusa! Pero yo creo en los soñadores.

Caracas sin mí

A veces, en plena noche, me asalta el recuerdo de Caracas.

Me pongo a pensar como si nada, que será de la vida de la guacamaya que vivía en frente de mi ventana, si notará que de pronto desaparecieron los cabellos alborotados a eso de las 7 de la mañana.

Qué será del rocío de las 6pm, cuando empieza una brisa fresquita y al caos lo envuelve una bruma rosada y roja.

Dónde estarán esos besos que di por primera vez, ¿seguirán pululando en la esquina de aquel parque? Y las risas bajo el sol de las 3pm, ¿dormitarán entre los matorrales del Ávila?

¿Sabrá Caracas que me fui? A lo mejor de pronto, un domingo lluvioso, nota que faltan esos ojitos enamorados que tanto le recitaban versos a las aceras de La Calendaria.

A lo mejor Bellas Artes nota la ausencia de un colorido vestido y una boca roja bailando entre la avenida.

Quién sabe, si el señor de la panadería de Los Palos Grandes nota que ya no voy a comer pan dulce los sábados, o la señora del *raspaito* de la esquina se pregunta por qué no la molesto en un día particularmente caluroso.

A veces me pregunto si realmente me fui. Si no me quedé de alguna forma allá, y esta que vive lejos, es otra que no conozco mucho, pero con la que de vez en cuando me siento a hablar.

¿Qué será Caracas sin mí, o que será de mí sin Caracas? Se pregunta una noche el corazón cuando en un latido le asalta el miedo de los recuerdos que se esfuman, y para remediarlo aprieta los puños y se aprende de memoria la manera en la que el poste de luz se reflejaba en la habitación del segundo piso de la calle que me vio crecer.

"¿Será posible que me haya ido?" Pienso al abrir los ojos.

¿Será posible que por ahí este Caracas y yo no esté en ella? A lo mejor el verde del Ávila sabe que tiene una enamorada menos, y de vez en cuando se pone triste por aquella carajita soñadora que no podía dejar de escribirle.

A lo mejor no me fui nunca, y por eso Caracas no se ha dado cuenta, porque sigue entre sus brazos un alma que no quiso venirse en el avión.

Los que nos fuimos, no nos vamos nunca, Caracas. Eso es lo que no te cuentan; que mil bondades extranjeras y la exaltación de lo desconocido tocan sólo las partes del alma que no están completamente reservadas para ti.

Y yo que soy tan terca no quiero excusar a mi verbo por buscarte tanto, ni a estos dedos testarudos por volver siempre a tus brazos aunque les ordene escribir sobre otra cosa, porque aunque a veces quisiera detenerme yo siempre vuelvo.

Y es que Caracas sin nosotros...

¿Será realmente Caracas?

ÍNDICE

Otros títulos publicados

Su pasaporte a Estados Unidos
Jesús Aveledo Urdaneta

La Alegría de Sanar
Héctor Jurado Capecchi

Historias de Mujeres
Germán Rodríguez Citraro

Ángeles y Poemas
José Humberto Mungarrieta

De mi riñón aprendí
Doris López Castillo

El último reporte
Pablo Cohen Celis

Manual de éxito en la planificación
estratégica de tu primer negocio
Paul Melean

Volando en el ataúd
Bernardo Jurado

El obstáculo de la realidad
Julio Chacón Hernández

Marino Rumbos
Eddy Barrios

Así se exportó la revolución
Pedro Pedrosa

Esta obra se terminó de editar
en el mes de Agosto del 2019
en la ciudad de Miami - USA.